Lena Raubaum | Katja Seifert

Mit Worten will ich dich umarmen

Lena Raubaum
schreibt für Große, Kleine und alle dazwischen, ist zudem ausgebildete Schauspielerin, Sprecherin, Yogalehrerin und Nuad-Praktikerin. In ihren Lesungen schafft sie stets eine besondere Form der Begegnung mit ihrem Publikum. Für ihre Werke erhielt sie bereits mehrere Auszeichnungen (darunter die Nominierung zum Astrid Lindgren Memorial Award 2024, Österreichischer Kinder- und Jugendbuchpreis).
www.lenaraubaum.com

Katja Seifert
lebt und arbeitet als freie Illustratorin in Linz. Mit dem Ende des Architekturstudiums entdeckte sie ihre Liebe zum Zeichnen. Ihre seither entstandenen Arbeiten finden sich sowohl auf Plakaten als auch in Magazinen wieder, man entdeckt sie auf Websites und in Büchern.
www.katuuschka.com

Für die Illustrationen in diesem Buch wurde eine analoge Mischtechnik gewählt. Gedankenbilder, die während des Lesens der Gedichte in den Sinn kamen, wurden zuerst skizziert und anschließend mit Gouache, Farbstift und Tuschestift auf Aquarellpapier ausgearbeitet.

Auszeichnungen:
✔ Lyrik-Empfehlungen für Kinder | 2024
✔ Österreichischer Kinder- und Jugendbuchpreis | 2022, Preisbuch
✔ Katholischer Kinder- und Jugendbuchpreis | 2022, Empfehlungsliste
✔ LESERstimmen – Der Preis für junge LeserInnen | 2022, Preisbuch

6. Auflage 2024

Umschlagbild: Katja Seifert
Grafische Gestaltung: Nele Steinborn, Wien
Schrift: Minion Pro, Conduit
Druck und Bindung: FINIDR, Tschechien
ISBN 978-3-7022-3958-9
E-Mail: buchverlag@tyrolia.at
Internet: www.tyrolia-verlag.at
Social Media: Tyrolia Verlag Kinderbuch

MIX
Papier | Fördert gute Waldnutzung
FSC® C014138
www.fsc.org

Stadt Wien Kultur
Gefördert von der Kulturabteilung der Stadt Wien, Literatur

Lena Raubaum
Katja Seifert

Mit Worten will ich dich umarmen

Gedichte und Gedanken

Tyrolia-Verlag • Innsbruck–Wien

Für meine Eltern

Gefühlvoll

Wut kann sehr, sehr leise sein
und Trauer weint nicht immer
Furcht und Angst – die kommen auch
bei Sonnenschein ins Zimmer

Mut kann sehr, sehr leise sein
und Freude ohne Lachen
und manchmal kann ein Regentag
mich froh und glücklich machen

Mutausbruch

Ein Sprung von ganz hoch oben
Ein Wort, das nicht gelogen
Eine Hand am Hundefell
Eine Frage, die du schnell
und doch von ganzem Herzen stellst
Eine Spinne, die du hältst
Beim Zahnarzt dein Gebiss zu zeigen
Die Kellertreppe runtersteigen
Ganz klar Ja und Nein zu sagen
Wenn du sie brauchst, nach Hilfe fragen
Wenn du es kannst, die Hilfe geben
Mutig – das ist viel im Leben

Meine Welt

Der Ball sagt: Meine Welt ist rund.
Der Floh sagt: Meine Welt ist ein Hund.
Der Fisch sagt: Meine Welt verschwimmt.
Der Regen sagt: Meine Welt zerrinnt.

Die Stille sagt: Meine Welt ist stumm.
Die Antwort sagt: Meine Welt fragt *Warum*?
Die Lampe sagt: Meine Welt ist Licht.
Die Dunkelheit sagt: Meine Welt seh ich nicht.

Der Fuß sagt: Meine Welt ist ein Schuh.
Und ich sage: Meine Welt bist du.

Für eine Freundin, für einen Freund

Wir halten zusammen
in lachender Freude
in tobendem Jubel
im Scherzen

Wir halten zusammen
in stillen Tränen
in nagenden Ängsten
in Schmerzen

Wir mögen einander
und können auch streiten
wir sind ein Du und ein Ich
und seit ich dich kenne
da frag ich mich oft
wer ich wohl wär ohne dich

Superkräfte

Du hast Augen, die mich hören
Ohren, die mich spüren
und ein Herz, das mich sieht

Frühglück

Heute hat mich die Freude geweckt
einfach so
sie hat mir einen Kakao gelacht
und mit mir Frühstücksbrote geschmunzelt
das wird ein guter Tag
das ist ein guter Tag

Kompliment

Wow!
Du siehst ja aus wie sieben Tage Sonnenwetter!

Sätze, die guttun können

DU BIST MIR WICHTIG.

DU SCHAFFST DAS.

ICH HAB DICH LIEB.

ICH MAG DEIN LACHEN.

ICH HAB DICH VERMISST.

WIR PASSEN GUT
AUFEINANDER AUF.

ES IST SCHÖN MIT DIR.

DU RIECHST SO GUT.

DU KANNST SO GUT UMARMEN.

KOMM KUSCHELN.

ICH BIN FÜR DICH DA.

ALLES KANN GUT WERDEN.

WIR HALTEN ZUSAMMEN.

ICH BIN SO FROH, DASS ES DICH GIBT.

WENN DU MICH BESUCHEN KOMMST,
BLEIB BITTE NICHT ZU KURZ.

Geheimnis

Die Wimper auf meinem Finger
halte ich nur für dich
schließe die Augen, wünsch dir was
und sag's mir –
nein, sag's mir nicht

Vorstellungskraft

Ich stell mir vor, dass Frieden ist
und jedes Kind wird satt.
Ich stell mir vor, dass jeder Mensch
genug zum Leben hat.
Ich stell mir vor, dass es gelingt
auf diese Welt zu achten
und dass es sogar leichter ist
als viele Menschen dachten.

Du stellst dir vor, dass jeder Mensch
mit andern gerne teilt
und dass ein Leid, das viel zu groß
gesehen wird und heilt.
Du stellst dir vor, wie es wohl ist
wenn Menschen öfter lachen
und jeder das gibt, was er kann
um vieles gut zu machen.

Und stell'n wir uns gemeinsam vor
wie diese Welt sein kann
dann wird sie vielleicht wirklich so –
glaubst du denn auch daran?

Nur ein kleiner Beitrag

Jede einzelne Ameise flüstert
„Ich tu – ich tu, was ich kann!“
und am Ende schauen sie sich gemeinsam
den Berg der Berge an.

Wenn

Wenn das Wort „unsichtbar“ sichtbar
und das Wort „undenkbar“ denkbar ist
was geht dann noch alles …

So ein Glück

Glück, das kann so vieles sein
Ein Zuhause, Sonnenschein
Ein perfektes Tor zu schießen
In der Stille nicht zu niesen
Eine Sternschnuppe zu sehen
Ohne Schmerzen aufrecht gehen
Auf der Sommerwiese liegen
ohne allzu viele Fliegen
Einen guten Freund zu kennen
Mutig mit dem Wind zu rennen
Ohne Krieg friedlich zu leben
Durch einen Lachanfall zu beben
Ein Geschenk von Herzen schenken
oder nur an dich zu denken

Nur für heute

Nur für heute tu ich Gutes
helfe andern frohen Mutes
denke nicht an meine Sorgen
vielleicht mach ich das auch morgen

Regentag 1

Heut' will ich das Wetter nützen –
aufgepasst, ihr Wasserpfützen!

Regentag 2

Ich höre, wie die Regentropfen
zärtlich an mein Fenster klopfen
und wie ich so im Bette lieg
danke ich für die Musik

Hundherum

Mein Hund tanzt heute hundherum
schüttelt sich und dreht sich um
wackelt schick mit dem Popo
jault vor Glück und freut sich so
Was nach diesem Tanz geschieht?
dann schläft er ein –
und schnarcht ein Lied

10-Wort-Gedichte | Teil 1

Morgenstund'

Mit Hikeriki
weckte mich der Hahn
der heute Schluckauf hat

Mutanfall

Ich schaff das! –
denkt der Elefant
und betritt das Seil

Wegbeschreibung

Immer mir nach
sagt meine Nase
und ich folge ihr

Erstaunlich

Heute eine Straße auf einer Münze gefunden.
Sachen gibt's!

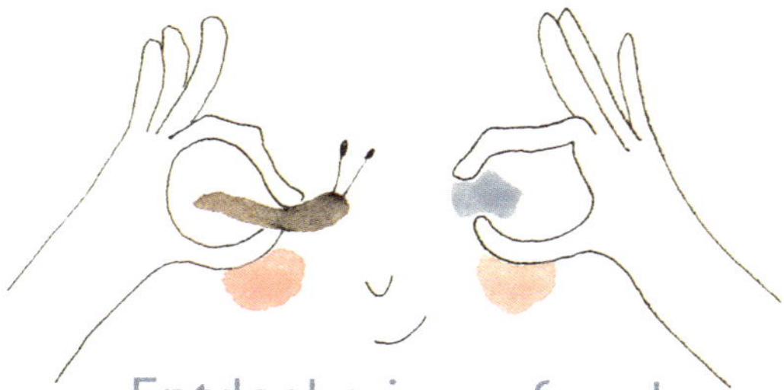

Entdeckerinnenfreude

Ich schau, ich schau, ich schau genau
wie nass ist heut der Morgentau
wie glitschig ist die nackte Schnecke
wie hart der kleine Stein mit Ecke
ist denn ein Rosenblatt sehr weich
und schwimmt es auch auf diesem Teich
und was ist das für ein Gefühl
wenn ich in Blumenerde wühl

Ich schau, ich schau, ich schau genau
ist diese Rinde denn nur rau
und ist der Rücken wirklich glatt
den ein Marienkäfer hat
wird grober Sand vielleicht sehr fein
wenn ich ihn siebe – ganz allein
und wie warm wird mein Gesicht
im hellen Sommersonnenlicht

Ich schau, ich schau, ich schau noch mehr
und erfreu mich daran sehr
ach, es sollte niemals enden
schauen tut man mit den Händen

Versteckspiel

Warum wir uns verstecken auf Erden?
Na, um gefunden zu werden!

Wipfel-Erlebnis

erst wiesen
dann stammen
dann tasten
dann asten
dann rasten
und die Beine baumeln lassen

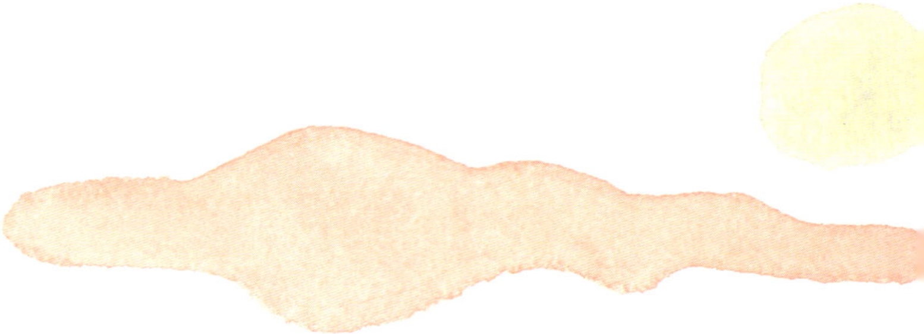

Wichtige Augenblicke

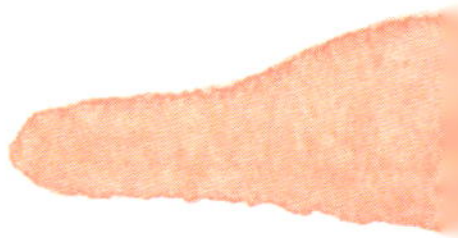

auf mich schauen
auf dich schauen
auf einander schauen
in die Augen schauen
auf die Erde schauen
und immer mal wieder
in den Himmel schauen

Lieber Schutzengel

Lass mich heut nicht schneller laufen
als dich deine Flügel tragen
Lass mich unter deinem Schutze
sicher neue Dinge wagen
Lass mich spüren deine Nähe
wenn mir heute fehlt mein Mut
Ich bin dankbar, dass du da bist
das zu wissen, tut mir gut

Gewissheit

Deine unsichtbare Hand
trägt mich
Dein unsichtbares Ohr
hört mir zu
Dein unsichtbarer Mund
kennt gute Worte für mich
Unsichtbar bist du
und dennoch gibt es dich

Nur kurz

Hast du einen Augenblick Zeit?
Und einen Ohrenlausch?
Und ein Hautgefühl?

Danke.

Bitte ausreden lassen

Stille

Stille ist

Stille ist ganz

Stille ist ganz wichtig

Stille ist ganz wichtig, wenn

Stille ist ganz wichtig, wenn ich

Stille ich ganz wichtig, wenn ich
etwas Wichtiges sagen will

Geheimnisse

Auch in ungeweinten Tränen
liegt oft ein großer Schmerz
und kennen sie die Augen nicht
so kennt sie doch das Herz

Trost im Abschied

Wenn ein geliebter Mensch gegangen
was bleibt von ihm zurück?

Vielleicht die Art und Weise
wie dieser Mensch gelacht
Vielleicht auch ein Geschenk
das er dir einst gemacht
Vielleicht so manche Worte
die er zu dir gesagt
Vielleicht ein stiller Schmerz
der ihn manchmal geplagt
Vielleicht ein Kleidungsstück
das er so gern getragen
Vielleicht wie seine Augen
die Welt gesehen haben
Vielleicht eine Erinnerung
die nur ihr zwei geteilt
Vielleicht bleibt seine Seele
der's gut geht, die nun heilt

Der Rindenturm

Durch einen jungen Rindenturm
da fegte einst ein Wirbelsturm
die Äste wehten hin und her
die Zweige knarrten mehr und mehr
auch Blätter stiegen mit dem Wind
in Himmelshöhen hoch geschwind
und in dem stundenweiten Wehen
blieb etwas still und kraftvoll stehen
der Rindenturm
denn dieser grub in all dem Toben
die Wurzeln fester in den Boden

Ungewöhnlicher Besuch

Neulich um die Mittagszeit
besuchte mich die Traurigkeit.

Erst fand ich das unerhört,
hab ihr gesagt, dass sie mich stört,
und tat, als wär sie unsichtbar.

Doch sie blieb –
blieb einfach da.

Also bat ich sie herein,
lud sie glatt zum Essen ein.

Wir aßen, sprachen, hörten zu.
Und – du glaubst es nicht – im Nu

war sie verschwunden – ohne Worte,
dabei gab es ja noch Torte.

Weltbewegend

Welt fremd
Welt gefährlich
Welt ängstlich
Welt chaotisch

Welt weit
Welt offen
Welt vertrauend
Welt in Ordnung

Welt bewegend
Welt dreht sich

Tage gibt's

Tage gibt's, da spinnt die Welt
da dreht sich alles um
da geht was schief
da rennt was schräg
da frag dich nicht warum

denn Tage gibt's, da spinnt die Welt
das Tröstliche dabei:
All diese schrägen Tage
die gehen auch vorbei

Auch wenn

Auch wenn
alles bald wieder gut wird
die Sonne durch die Fenster leuchtet
es tausende Trostpflaster gibt
mein Kuscheltier bei mir ist

Auch wenn
alles gar nicht so schlimm ist
du mir etwas vorsingst
du mich in deinen Armen wiegst
du alles tust, damit es mir wieder besser geht

muss ich weinen
weinen, bis ich wirklich damit fertig bin

Immer mit der Ruhe

Wir könnten
abwarten und dem See winken
abwarten und ein Reh schminken
abwarten und wie Schnee blinken
oder aber auch einfach
abwarten und Tee trinken

Trostpflaster

Die Zeit heilt alle Wunden
manchmal in ein paar Stunden
manchmal braucht sie länger dafür
und immer, immer hilft sie dir

Zuversicht

Wenn nach dem Weinen ein Lachen entsteht
und nach der Nacht die Sonne aufgeht
wenn nach dem Winter der Frühling singt
und in der Stille ein Lied erklingt
wenn nach dem Streit Versöhnung bleibt
und nach dem Schmerz die Wunde heilt
dann spür ich das, was mein Herz gut kennt
dann spür ich das, was sich Hoffnung nennt

Das Schönste

Lachen nach vielen Tränen
Sonne nach starkem Gewitter
Trinken nach großem Durst
Frühling nach Wintergezitter

Hoffnung nach nagender Angst
Kuscheln nach wildem Streit
Gelingen nach langem Bemühen
ein Leuchten nach Dunkelheit

Ruhe nach dröhnendem Lärm
Sitzen nach endlosem Stehen
und nach gefühlten hundert Jahren
dich endlich wiederzusehen

Wiedersehen

warten warten warten warten
warten warten warten warten
warten warten warten warten
warten warten warten warten
warten warten warten endlich

Wunschzettel

Ich wünsche mir
eine Umarmung von dir
dazu ein paar schöne Worte
und Schokotorte

Was Worte alles können

Worte, die können im Leben so viel
sie sind bitterernst und sie zaubern ein Spiel
entzücken, gestalten, verwandeln, betören
erschüttern, entsetzen, verletzen, empören

Sind Brücken und Mauern, sind Wunder und Waffen
können manch Welten zerstören und erschaffen
sind stark wie ein Felsen, zerbrechlich wie Vasen
sind wandelnde Wesen wie Seifenblasen

Sind Messer in Herzen, sind Pflaster auf Wunden
werden verloren und wieder gefunden
verbergen, betrügen, zertrennen und teilen
beglücken, verbinden, erklären und heilen

Sie finden kein Ende und tragen ein Ziel
Worte, die können im Leben so viel

Wortschätze

KRIMSKRAMS

ABRAKADABRA

AUGENBLICK SAUMSELIG

SCHABERNACK

BAUCHGEFÜHL

BAUMHAUS

KICHERERBSE JUCHZEN

BEHUTSAMKEIT

DAUMENKINO

DANKE

FARBENFROH

ESELSOHR

SORGFALT

DINGSBUMS PUSTEBLUME

FRIEDEN FINGERSPITZENGEFÜHL

OHRWURM

FIRLEFANZ

FLANIEREN

GUGELHUPF

HÖRENSAGEN KUSS

GLÜCKSKIND

HÜPFEN

FINGERHUT

SCHNABULIEREN

SCHLUCKAUF

MEERESRAUSCHEN

LIBELLENFLÜGEL

KUSCHELDECKE

MORGENTAU

MUNKELN

MUCKSMÄUSCHENSTILL

NASCHKATZE

PURZELBAUM

PUTZMUNTER

KUNTERBUNT

SPRINGINKERL

SCHERZFRAGE

STERNSCHNUPPE

STERNSTUNDE

SUMMEN

ZUHAUSE

VERGISSMEINNICHT

Im Ernst

Heute ein Scherzkeks gegessen.
Kein Witz!

Wetterbericht

Als es gestern schüttete
hab ich mir gedacht
dass der ganze Himmel
womöglich Tränen lacht

Aha-Moment

Das Eine begriff ich nach einer Weile:
Alles hat Vor- und Hinterteile.

Der Zugvogel

Der Vogel hat den Zug versäumt
da hat die Wut ihn überschäumt
drum ist er – ungelogen
den ganzen Weg geflogen
bis zum Hafen von Odessa
und dort ging's ihm wieder besser

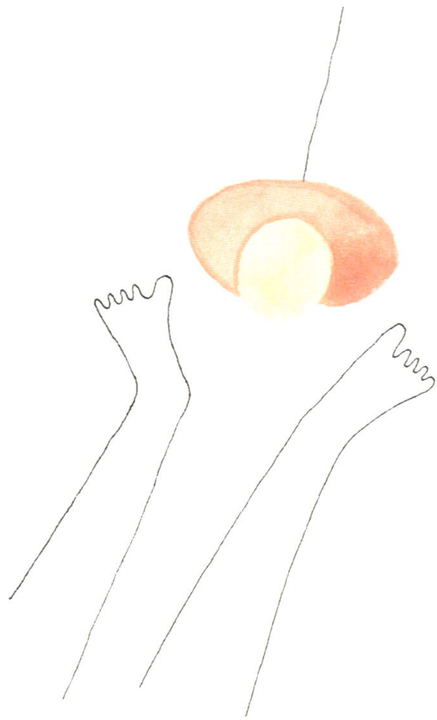

Spielraum

Ich liege am Rücken und strecke
die Füße zur Zimmerdecke
da ist viel mehr Platz, da ist alles frei
gut, an der Lampe müsst ich vorbei

Orte, an denen ich gerne bin

Der knorrige Ast am Zwetschkenbaum
Der Felsen im Glitzerbach
Die rote Schaukel in Opas Garten
Die Höhle mit Blätterdach

Das Haus, wo wir auf Urlaub waren
Der Balkon, wenn es gewittert
Mein Versteck im Kleiderkasten
Die Spielplatzbrücke, die so zittert

Unter der Decke mit Taschenlampe
und einem Buch zu liegen
oder mich einfach fest
in deine Arme zu schmiegen

Traumreisen

Wenn mein Bett Flügel hätt'
ja, dann flöge ich davon
Ich frage mich, ich frage mich
wie weit ich dabei komm

Vielleicht ins nächste Nachbarsdorf
vielleicht ins nächste Land
wer weiß, vielleicht flieg ich sogar
zu einem Meeresstrand

Vielleicht trägt mich der Wind
an einen klaren, stillen See
vielleicht auf einen Gipfel
eines Berges mit viel Schnee
Es kann jedoch auch sein, dass ich
bis zu den Sternen komm …

Wenn mein Bett Flügel hätt'
ja, dann flöge ich davon

Wo gute Ideen wohnen

Gute Ideen, die wohnen
in Köpfen, im Wald hinter Bäumen
Sie hausen bevorzugt in Kinderzimmern
und auch in hallenden Räumen

Sie machen es sich am Klo bequem
im Auto, im Zug, auf Wegen
und ein Zuhause in frischer Luft
kommt ihnen oftmals gelegen

Gute Ideen, die wohnen
in Geschichten – da leben sie gern
und immer dann, wenn wir an sie glauben
sind sie meistens nicht fern

Ich hab sie getroffen in schöner Musik
in guten Gesprächen, beim Gehen
und in der Stille kurz vom Schlafen
hab ich sie oft, schon so oft gesehen

Ganz Ohr

Der See spricht in Wellen
der Wald rauscht in Blättern
der Wind flüstert säuselnd
in luftigen Lettern
die Wiese summt gräsern
ein Lied wie sie will
und ich höre zu
zufrieden und still

Glaublich

Ich glaube an leise Helden
und Heldinnen, die nicht fliegen
Ich glaube, ich kann auch gewinnen
und muss dafür gar nicht siegen
Ich glaube an sanfte Trampeltiere
und Schnecken, die's eilig haben
Ich glaube, so manches Schweigen
hat wirklich sehr viel zu sagen

Ich glaube an dunkle Sterne
und auch an die hellen Nächte
Ich glaube, es gibt so viel mehr
als das Gute oder das Schlechte
Ich glaube an kleine Riesen
und Zwerge, die größer werden
und ich glaube, ich glaube sehr wohl
an den Himmel
den Himmel auf Erden

Engelszeichen

Hilfe zur richtigen Zeit
ein Lächeln nach tiefer Traurigkeit
ein bunter Bogen am Himmelszelt
Schnee, der still zur Erde fällt

Worte, die zum Lachen bringen
Stimmen, die gemeinsam singen
ein Mensch, der dich von Herzen liebt
Zeichen, dass es Engel gibt

Guter Rat

Manchmal gibt es im Leben Zeiten
da gilt es die Arme auszubreiten
und schnell einen Hügel hinunterzulaufen
dabei zu atmen, dabei zu schnaufen
oder aber – und das ist auch fein
einfach ganz laut dabei zu schrei'n

Wir

ein Miteinander
manchmal ein Aneinander
zuweilen ein Gegeneinander
beizeiten ein Durcheinander
und immer ein Füreinander

Nächstenliebe

„Das ist alles für die Katz“,
sagt die Maus und überlässt ihr heimlich den Käse.

Wiesenschätze

Barfuß gegangen
ein paar Halme gefangen
sie ragen aus Zehenzwischenräumen heraus
schön sieht das aus

Friedensgruß

Wir reichen einander die Hände
bereiten dem Streiten ein Ende
wir schauen uns an und sagen es hier
der Friede, der Friede – er sei mit dir

Beobachtung

An einem stillen Weiher
steht ein alter Reiher
blickt sich stumm
im Wasser um

An einem stillen Weiher
steht ein alter Reiher
sieht näher hin
sieht sich selbst darin

Dem Spiegel sprach er etwas zu
ich konnt es nicht verstehen
doch es muss schön gewesen sein
ich hab ihn lächeln sehen

Wichtige Überlegung

Ich kann kein anderer sein als ich
bin sehr überzeugt davon
denn alle anderen Menschen
die gibt's ja schließlich schon

Lobhudeleien nach dem ABC

Du ausgezeichnete Ausmalerin!
Du begnadeter Buchvorleser!
Du charmante Chaosordnerin!
Du draufgängerische Düsen!
Du einfallsreiche Entdeckerin!
Du fantastischer Faxenmacher!
Du geniale Geschichten-Ausdenkerin!
Du hervorragender Handhalter!
Du interessierte In-die-Augen-Schauerin!
Du juchzender Jackenanzieher!
Du kunstvolle Kraxlerin!
Du löblicher Lippenleser!

Du mustergültige Merkerin!
Du neugieriger Nachfrager!
Du originelle Ohrwurmsingerin!
Du platschender Pfützenspringer!
Du quietschfidele Quatsch-Macherin!
Du rücksichtsvoller Rollerfahrer!
Du sagenhafte Scherzboldin!
Du tausendschöner Träumer!
Du unbeschreibliche Umarmerin!
Du vergnüglicher Verzauberer!
Du wunderbare Witzerzählerin!
Du x-trem-guter Xylophonspieler!
Du ypsilonkreative Ypsilonworterfinderin!
Du zirkusreife Zuhörerin!

Manchmal bin ich

Manchmal bin ich eine Bärin
fühl mich kräftig, stark und groß
manchmal bin ich wie ein Käfer
eher klein und ruhelos.

Manchmal bin ich eine Löwin
brülle hörbar, brülle laut
manchmal bin ich wie ein Fisch
der stumm und schweigsam schaut.

Manchmal bin ich wie ein Schaf
will nicht gerne einsam sein
manchmal bin ich wie ein Wolf
streif umher – und das allein.

Manchmal bin ich eine Schnecke
brauche stille Langsamkeit
manchmal bin ich ein Gepard
laufe schneller als die Zeit.

Manchmal hüpf ich fröhlich
vor mich hin – so wie ein Floh
wenn ich's jetzt recht bedenke
bin ich eigentlich ein Zoo.

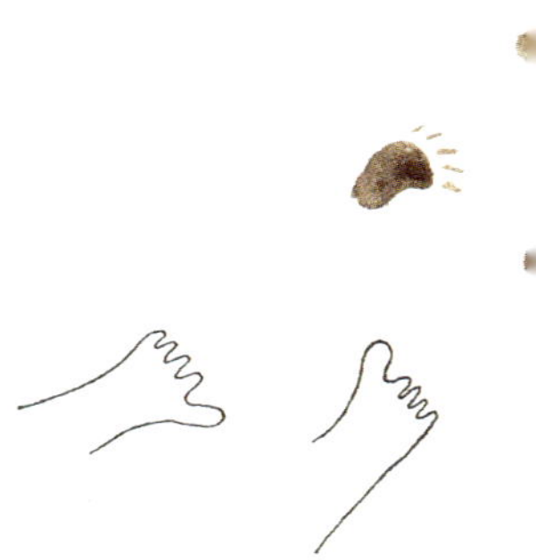

Einfühlig

Das Gegenteil von Freude
ist nicht die Traurigkeit
Das Gegenteil von Liebe
nicht der Hass
Das Gegenteil von Mut
ist nicht die Ängstlichkeit
Das Gegenteil von Trauer
nicht der Spaß

Sie alle sind Gefühle
sind bunt und farbennah
und all diese Gefühle
die sind zum Fühlen da

Weil's hilft

Es heißt: Man soll sich nicht in den Ärmel wischen.
Hab's rotzdem getan.

Ode zum Weltkindertag

Ihr Kinder, ihr Heute aus Zukunftstagen
ihr wirklichkeitsfindende Träume
ihr Antwortsuche in offenen Fragen
ihr Tanzen verwurzelter Bäume

Ihr Nervendehnung und Nervenstärke
ihr Hoffnung gewoben aus Leben
ihr Schaffensfreude bald greifbarer Werke
ihr Mut und Verzweiflung im Streben

ihr Lachmeisterinnen, ihr Kicherkönner
ihr tränenvergießende Sorgen
ihr Ausdenkerinnen, ihr Vorstellungsgönner
ihr stetes Vertrauen ins Morgen

Ihr Sichtbaren und ihr Unsichtbaren
ihr Seelen aus allen Zeiten
ihr Erdengäste, die wir sind und waren
ihr seid alles –
vor allem Möglichkeiten

Am Spielplatz

Schau, Himmel
Schau, Erde
Schau, Füße
Schau, Käfer
Schau, Wolken
Schau, Wiese
Schau-keln

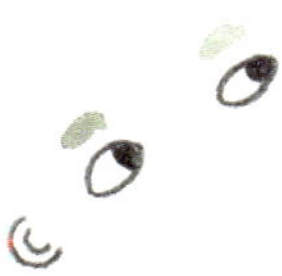

10-Wort-Gedichte | Teil 2

Schokoladenseite

Beim Lesen
Schokolade gegessen
auf einer Seite sieht man das

Zeitgeist

Ich bin nur auf Zeit Geist
sonst bin ich Fee

Verständnisschwierigkeiten

Ich lausche dem plätschernden Bach
er redet wie ein Wasserfall

Aberglaube

Ich bin mir
nicht ganz sicher
aber ich glaube schon

Hört, hört

Wenn der Ohrwurm einen Ohrwurm hat
hört er sich am Ohrwurm-Ohrwurm satt
oder er tanzt – wie's ihm beliebt
Gut, dass es Ohrwurm-Ohrwürmer gibt

Versprochen ist versprochen

Zwei Bären legen sich aufs Ohr
denn beide sind sie kurz davor
zum Winterschlafen einzuschlummern
da hört man leis' den einen brummern:
Bleibst du bei mir – hier zugedeckt
bis uns die Frühlingssonne weckt?
Der andre brummt: Ich geh nicht fort
da geb ich dir mein Bärenwort!

Sprich Wörter mal anders

Heile mit Weile.

Morgenstund' hat Kakao im Mund.

Von nichts kommt viel.

Eigenlob riecht gut.

Übermut tut selten gut, Untermut noch weniger.

Alte Liebe postet nicht.

Aller Anfang ist mehr.

Wer im Glashaus sitzt, sollte Blumen pflanzen.

Ein Glück kommt selten allein.

Was Hänschen nicht lernt, lernt Hans immer mehr.

Man soll den Tag auch vor dem Abend loben.

Ente gut, alles gut

Die kleine Ente steht am Ufer
wackelt hin, wackelt her
wackelt hin, zögert sehr
schließt die Augen
hüpft, merkt dann:
Sie hat ja als Ente Schwimmflügel an!

Begegnung

Ich hab meine Meinung
du hast deine Deinung
tauschen wir uns aus
kommt eine Unserung raus

Wolkenspiel

Am Himmel gibt's ein Wolkenspiel
da küsst ein Pferd ein Krokodil
dort zieht ein Brokkoli vorbei
hier sind zwei Saurier, nein drei
und da springt munter ein Delfin
halt ohne Flossen – siehst du ihn?

Oh, dort drüben – du, ich glaube
da entsteht gleich eine Taube
oder doch ein Schiff, das fliegt
und drunter ein Kamel, das liegt
Du meinst, es sei ein Cowboyhut
Stimmt, jetzt seh ich's auch, wie gut
ja, den Kamelhut mag ich sehr
Gemeinsam seh'n wir so viel mehr!

Fragen, die guttun können

WILLST DU MEINE FREUNDIN SEIN?

AUF WELCHEM BAUM BAUEN WIR
UNSER BAUMHAUS?

WILLST DU EH DAS GRÖSSERE STÜCK
VOM KUCHEN?

ESSEN WIR MORGEN ZWEIMAL
ODER DREIMAL EIN EIS?

DARF ICH DIR NOCH EINE
GUTE-NACHT-GESCHICHTE ERZÄHLEN?

WEISST DU EIGENTLICH,
WIE GERN ICH DICH HAB?

WILLST DU NEBEN MIR SITZEN?

WILLST DU MEIN FREUND SEIN?

DARF ICH DICH IN DEN ARM NEHMEN?

MAGST DU MAL BEI MIR ÜBERNACHTEN?

WILLST DU WAS MIT MIR SPIELEN?

WELCHES BUCH DARF ICH DIR
VORLESEN?

MÖCHTEST DU TANZEN?

BRAUCHST DU EINEN RAT?

WIE KLINGT DAS EIGENTLICH,
WENN DU LACHST?

DARF ICH DIR EIN BUSSI GEBEN?

Gemeinsam

Gehen wir durch dick und dünn
durch dunkel und durch hell
durch Leichtes und durch Schweres
schön langsam oder schnell

Gehen wir durch warm und kalt
durch laut und auch durch leise
und jeder geht, wie er es kann
auf seine Art und Weise

bist du dabei
dann sind wir zwei
macht noch eine mit
sind wir zu dritt

Zukunftsidee

Wir haben die Welt gerettet!
Komm, das musst du dir ansehen.

Ganz knapp

Dem liegenden Teppich
fehlt im Leben
nur ein „f“
um abzuheben

Vorstellungskräftig

Was wäre alles möglich
wenn alles möglich wäre …

Möge das Leben

Möge das Leben dir Flügel geben
und starke Wurzeln dazu
und auch wenn du zweifelst, dich erinnern
du – ja du bist du.

Möge das Leben dich umarmen
und liebevoll auf dich schauen
und auch wenn du zögerst, dich erinnern
dir selbst gut zu vertrauen.

Möge das Leben dich bestärken
deine eigenen Wege zu gehen
und wenn du hinfällst, dich erinnern
wie das geht, wieder aufzustehen.

Möge dein Leben DEIN Leben sein
wir begleiten dich Schritt für Schritt
und geben dir auf deinen Lebensweg
Wurzeln und Flügel mit.

Mit guten Gedanken

Mit guten Gedanken
und weniger Sorgen
mit guten Gedanken
freu ich mich auf morgen

Mit guten Gedanken
und niemals allein
mit guten Gedanken
schlafe ich ein

Gans im Glück

Wenn die Gans ganz beglückt
in den Abendhimmel blickt
in den Abendhimmel schaut
hat sie Gänsegänsehaut

10-Wort-Gedichte | Teil 3

Sterndeuter

Ein Stern! –
deutet er
und küsst sie auf die Wange

Stimmenmeer

Am Meer
sitzen ich und du
und hören ihm zu

Spät dran

Ich muss heim! –
rief die Schnecke
und verschwand im Haus

Ich sag Danke

Ich sag Danke für die Sonne
und für Badewannenwonne
für Haselnusseis in der Waffeltüte
und jede leuchtende Apfelblüte

Ich sag Danke für Zuhause
die Erfindung einer Pause
für Schneeflocken und Quastenmützen
für Gummistiefel, Regenpfützen

Ich sag Danke für die Erde
jede Elefantenherde
für die Menschen, Tiere, Pflanzen
und das Meereswellentanzen

Ich sag Danke für den Tag
und das Spielzeug, das ich mag
für mein Herz und dass es klopft
und aus dem Hahn Trinkwasser tropft

Ich sag Danke für Ideen
die nicht nur im Kopf entsteh'n
und ich sag's in einem fort:
Danke ist ein gutes Wort

Lena Raubaum sagt Danke

Einem Buch geben stets viele Menschen auf ihre Art und Weise „Buchrückenwind“. Darum will ich hier vor allem folgende Menschen mit dem Wort „DANKE“ umarmen:

Katja Seifert, Katrin Feiner, Inge Cevela, Nele Steinborn, Tina Reiter, Gottfried Kompatscher, Kathrin Wexberg, Reinhard Ehgartner, Nadine Kappacher, Eva Karel, Agnes Wiesbauer-Lenz, Lisa Wiesbauer, Heinz Janisch und Rasmus Raubaum – danke von ganzem pumpernden Herzen!

Inhalt

Emotionen & Gefühle

Du & Ich

Freude, Glück & Dankbarkeit

Wir & die Welt

Lustiges & Sprachspielerisches